قادر ربك يفرجها

طارق التريري

Published by 2022, طارق التريري.

While every precaution has been taken in the preparation of this book, the publisher assumes no responsibility for errors or omissions, or for damages resulting from the use of the information contained herein.

قادر ربك يفرجها

First edition. July 4, 2022.

ISBN: 979-8223025771

Written by طارق التريري.

Also by طارق التريري

الأعمال الكامله: طارق التريري
قلبي اللي عِشقِك
على باب الله
على باب الله
لما كانت مصر دوله

Standalone
التُهمه عربي
الصُبح في بلادي
إنفصامستان
سُلطان العاشقين
في بلاد الأي حد
قُليل لما بشتاقلي
كُل العساكر كدابين
دم الحُسين
دوايرك
عند باب الحلم
ذكريات الميدان
لاجديد
خاسر
صباح القُدس
وجع القصيده

فارس بلا مُهره
شهريار لم الحكايه
لا جديد
ماكبرتش ومش عايز اكبر
قادر ربك يفرجها
إبتلاء إن انتا مصري

Watch for more at tarqablog.blogspot.com.

لكُل مُحبي الشعر

فرحان شمتان

فرحان والفرحه غامره
بهلاك المُجرمين
شمتان على أد ما أقدر
زايد فيا اليقين
بالعدل يارب إنك
انتا الحصن الحصين
وانتا القادر عليهُم
وحدك وانتا المُعين
على قد ما طاحوا فينا
بفساد ملعون لعين
قتلوا وسرقُم ونهبوا
شربُم دم الأمين
والماسك جمر دينو
قالوا عليه اللعين
قتلوا الإحلام وضلوا
واتقال دول مُهتدين
باعُم دينهُم بدُنيا
بخلودهُم موهومين
وعلى ماقد كان فسادهُم
او عاثوا المُجرمين
حانت لحظة هلاكهُم
وفرحان المؤمنين
بالله وبصدق وعدو
بهلاك المُجرمين

العساكر بقلشوك

يا اللي فاكر هُم حبايبك
ولا مُمكن يسندوك
مهما تخدم في للعساكر
(جاي يوم و (يبقلشوك
لوركعت يقولوا أُسجُد
والهدوم ح يقلعوك
ثُم علناً هِزيلا
أستربتيز رقصوك
هوا دا طبع العساكر
مهما تخدم يحسبوك
كلب محتاجهُم لعضمه
وعدى وقتك يُفرموك
بالجزم تنداس وعلناً
تُلعن أُمك ثُم ابوك
وألف تُهمه حاضره جاهزه
ثُم علناً يرجموك
تترمي كده ع الزباله
والأراذل خزوقوك
إنتهى دورك ياجيفه
(خلصوا منك (بقلشوك

لوحسابي قد حُزني

لوحسابى قد حُزنى
ح ابقى فى الأخره شهيد
ح ابقى حد مقامو عالي
والنِعم تكتر تزيد
والإله يوهبني جنه
ليا وحدي وفيه مزيد
والملايكه تقولي أهلاً
يا اللي كان عزمو الحديد
ع البلايا وع المصايب
والوجع وكتير صديد
مالي روحك وانتا صابر
محتسب لونار تقيد
ثُم شاكر راجي عفوه
والألم عمال يزيد
بس ماطهقتش مابعتش
والإيمان كان الوحيد
اللي ساندك واللي واعدك
إن بُكرا فيه جديد
وابتسمت وقُلت اكمل
مهما دام حُزني العنيد
واحتسِب ربي يحاسبني
قد حُزني واكون شهيد

في البلد دي الخزنه للكُبار

في البلد دي الخزنه دايماً

فاتحه حصري للكُبار

والكُبار فيها المُرابي

والحرامي ليل نهار

والعساكر واللي ناكر

يوم نشوف فيها النهار

واللي شرفو كأنو جزمه

يقلعوا بكُل افتخار

ثُم يقلع كُل حاجه

ل اجل يدخُل في المسار

والمسار دا كُلو ميغه

ولحوسه دون اعتبار

للديانه وللكرامه وللشرف

يا ابن الحُمار

يا اللي ماتعرفش عِزه

يا اللي عشقك الانكسار

والمُهم الخزنه تفتح

وادخُل اغرف والدمار

لينا ولكُل اللي واقف

عند سورو للمطار

يضرب التعظيم ويبكي

ع الزكايب بالدولار

هاجه رايحه بنوك سويسرا

داخله في حساب الكُبار

واللي بس الخزنه ليهُم

فاتحه واحنا للمرار

والرغيف محتاج لواسطه

والفرح محتاج قرار

والدوا يعني المهانه

أو تقول يلا الفرار

موس وتقطع بيه وريدك
ثُم ترحل في انكسار
ف البلد وبس حصراً
إيوا حصراً للكُبار

حُزني بيعرفني

حُزني بيعرفنى
من بين ألوف وألوف
دايما بيندهلي
ويمد ليا كفوف
يفتحلى مية سكه
يفضل فى قلي يطوف
وان قُلت مُش قادر
بيجيلي لك الملهوف
إقال ايه بيسندنى
يستنى منى وقوف
بعديها يطعني
يملا الجسد بسيوف
عطشانه لجراحي
وجعي أنا الموصوف
ولامره ينساني
ويكون بغيري شغوف
موصوفلو انا وحدي
من بين ألوف وألوف
حُزني اللي عارفني
والغاوي بيا يطوف
صحرا ورا صحرا
ويحبسني جوا كهوف
ثُم العذاب ياما
ألوان كتير وصنوف

أغبى من الأمريكاني

أغبى من الأمريكاني
اللي بيتغطى بيه
ويصدق كوم وعودو
ثُم بيدخُل في تيه
يندههلو الحقني يلا
ويبُص ما يلتقيه
ثُم يعيط وينده
يُلطُم وشو ب إيديه
يندب يندب ويندب
ويدندن ألف ليه
والأنكل سام مطنش
ولا حاسس باللي بيه
باعو وعلناً بينده
بادئ بمزاد عليه
بيفتش كُل حاجه
حتى *يازك يابيه
ويقلِب في البضاعه
من غير ماتقولو ليه
أوتفتح حتى بُقك
لو عندك إسمو أيه
هيا ياحلو الكرامه
وفهمها الله عليه
بعد ماخربت وشاور
كُلو يطرطر عليه
وغرقت ياحلو طبعاً
وبتنده ماتلاقيه
ياحبيب الأمريكاني
يا اللي بتتغطى بيه

فيه ناس بيعيشوا شُرفا

فيه ناس بيعيشوا شُرفا
ف يموتوا شحاتين
ماسابوش في البنك حاجه
ويسيبوا ازاي؟ منين؟
دا يادوب بالعافيه عاشوا
بيربوا العيلين
يتحايلوا ع المعاييش
يرتاحوا فين؟ وفين؟
لما بتسمح ظروفهم
ب أجازه كُل حين
بس ماخانوش أمانه
ولاوطوش الجبين
ولا أكلو حرام في مره
ولاكفروا وباعوا دين
لكن سبحانه ربك
مابتقدرش السنين
أبداً وتجيب سيرتهُم
إلا بكُل اليقين
ومديح مالهوش نهايه
في اسيادنا الطيبين
والفاتحه وألف دعوه
ثُم برفع الإيدين
الكُل بيدعي ليهُم
والكُل يقول آمين
وكلاب واكلينها والعه
ولاباتو اشبعانين
ولاشبعوا ف مره سرقه
ولاليهُم حتى دِين
وقبل ما بيموتوا حتى
بيكونوا ملعونيين

إتعاطف بس ماتنساش

ياعربي أبكي على حالك
يامُسلم بالدُعا عينهُم
وب اتعاطف مع عيالهم
عواجيزهُم واحزانهُم
صورهُم باكيه ع الميديا
شوارعهُم ميادينهُم
ونظرة رُعب في وشوشهُم
وخوف من بُكرا في عيونهُم
لكني عُمري م ح انسى
بلادي وحظها منهُم
سابونا وحدنا نُصرُخ
نموت في غزه كان فينهُم؟
في سوريا في العراق فينهُم؟
في أطفال اليمن فينهُم
ولسا حيسيبوك ياما
لوحدك واحنا عارفينهُم
وعارفين اللي قلوبهُم
ومليانه القلوب منهُم
يادوبك كلمتين لينا
وكُل الدعم بان منهُم
لصهيوني بيدبحنا
لأنو زيُهُم منهُم
وكُل الدعم للخونه
بتُحكُمنا وعاجبينهُم
فوفر دمعك الطيب
دموعك لينا عايزينهُم
ونتعاطف أوي معاهُم
لكن جوانا عارفينهُم

وبقالك أد ايه

وبقالك أد أيه
صمتك مغلوب عليه
مُش قادر حتى تفتح
بُقك وترُد ليه
سايب الأيام بكيفها
تعمل ما بتشتهيه
وكأنك يوم ماكُنتش
عاشق للكون ماليه
بلإحلام الكبيره
ولا عاجبك حد فيه
باني لنفسك ممالك
وساكنها بكُل تيه
فاكر الأيام تدوملك
ولايوم حتخُش تيه
وأديك بتجيب في أخرك
توبك ما انتاش ماليه
وبترضى ب إي حاجه
ولاتسأل حتى ليه
كما عضم ف قُفه يعنى
بتدندن بس أبيبيه
دُنيا ولازم تمرر
مهما احلوت يابيه
ومهما تعلى ف قصورك
جاي يوم وتروح إليه
هوا وبس اللي خالد
تحت الأرض تلاقيه

عمك بوتين ولعها

عمك بوتين ولعها
وبايدن نازل تصاريح
والغرب كعربي بيشجُب
مستني يشوف الريح
على فين راح ترسى المركب
بعديها يقول تصريح
خايف م الدُب الروسي
ويادوب هامس بفحيح
وياسلام لو بوتين عربي
كُنا حنركب مراجيح
يضربنا الغرب بنووي
والوطن العربي يسيح
يصبح كده شيء م الماضي
وغُبار طاير في الريح
القوه ياعم العربي
بسلاحك مُش مراجيح
تركبها وهات يا أغاني
عن أمجادك ومديح
وجيوش مُش فالحه ياعربي
غير في الرقص وتشليح
اتفرج بُص لبوتين
مُجرم لكنو صريح
خد حقو وبالدبابه
ماستناش التصاريح
ما قعدش بيُشجُب يندب
ولا خد منهُم تصاريح

الناس الجامعيه

بعد ال 2 حضانه
خُدلك 6 ابتدائي
ثُم 3 اعداديه
ثُم تشرف ياتوتو
ب 3 من اللي هيه
الثانوي ياحلو طبعاً
وتكون مامتك بهيه
باعت في دهبها كُلو
واستلفت كم وقيه
علشان م الحلو يبقى
م الناس الجامعيه
ثُم تخلص وتُقعُد
في البيت زي الرزيه
تفتح كُل الجرايد
والنت ب ألمعيه
مستني وظيفه تظهر
تسقيك لوحتى ميه
وتلف تلف ترجع
على نفس القهوه هيا
وتعود للبيت وتُحضن
لشهاده جامعيه
مُش قادره حتى تُستُر
بالليل *يزك شويه
وياغُلبك أه غُلبي
ويا قهرك يابهيه

فيزا لمصر الحقيقيه

أنا عايز فيزا اسافر
ويارب اكرمني اهاجر
من أم الفقر اغادر
يامُعين ياكريم ياقادر
واوصل برك يامصر
مصر الحقيقيه أيوا
مُش يعني أي مصر
مصر بتاعة العساكر
والقاضي وكُل فاجر
وبدينو حتى تاجر
ومُمثل والماساتر
ووزير فاسد وفاطر
بعشاهُم أهل مصر
وابقى من الشله هيا
أم الطلعه البهيه
مُلاك الأبعديه
أهل اللُقمه الطريه
عايشينها مهلبيه
وكريمة أهل مصر
انا عايز فيزا وادفع
وان شا الله هدومى أأقلع
وأبيع الكليه وادفع
وح اشوف كم حد يشفع
وادعي بكفوفي وارفع
بس أوصل بر مصر
مصر الحقيقيه أيوا
مُش يعني أي مصر

عبد المأمور في دُنيا

عبد المأمور ف دُنيا
وف الأخره حتعمل ايه
لما الجبار يقولك
ضليت وتبعتو ليه
وادي المأمور بنفسو
واقف مغضوب عليه
مُش قادر يحمي نفسو
وبيُصرخ م اللي فيه
لكتاب ماسكو بشمالو
ومافيش ولاحسنه فيه
واتبرأ علني منك
سابك وحدك في تيه
دافع لو كُنت تقدر
وارمي بجُرمك عليه
ماخلاص خلصت ياعبدو
ماخلاص راحت عليه
مأمورك راح جهنم
ثانيه وحتضُم ليه

سلملي على مصر الحُره

سلملي على مصر الحُره
سلملي وزيد السلامات
حزمني وطبل ياحبيبي
دندنلي على طقم صاجات
واطربني أوي كده من قلبك
واتمايع زود في أهات
وادلع على قد ماتقدر
في (قرارك) ويا (الجوابات)
وتكركر أوي كده بالجوزه
بياتي وسيكا ومقامات
واديني وعلى أد ماتقدر
أديني تفاهه في كاسات
واملالي الخزان ع الأخر
شبعني أوهام خُرافات
إن احنا ف دوله وانا مواطن
مُش يعني مُجرد خو**ت
بنفلقس للعسكر دايماً
وبنحلم يجي يوم ونبات
من غير الصب ولوساعه
يابهيه ونبعت سلامات
وسلملي على مصر الحُره
سلملي وزيد السلامات

ومتقلبهاش معارك

ومتقلبهاش معارك
تعمِل سبعين إمام
وتهددني بجيوشك
وتشاورلي بحُسام
وتقوم مية حريقه
وتسِيب اهلي الكرام
لمُجرد يوم خالفتك
رأيك كده في الكلام
دا مُجرد رأي يعنى
مُش حرب ولا انتقام
وان مش عاجبك كلامي
ريح نفسك تمام
واتفضل بالسلامه
وارمي علينا السلام
وبلاش تشتم في سرك
مش من شيم الكرام
دا مُجرد رأي يعنى
مُش حرب ولا انتقام

كان مُغرم بالحقيقه

كان مُغرم بالحقيقه
عاشق جَد الكلام
يضحك لو كان فيه لازمه
بيادوب شِبه ابتسام
واليوم كُلو ف قرايه
يتثقف ب اهتمام
ويحب الشعر جداً
عِشق لحد الهيام
وساعات يُقعد يدندن
ويصفر في انسجام
والدُنيا بسيطه عندو
بيعيشها والسلام
للكُل يقوللوا جهراً
حتى ولو فيه خصام
واهو فجأه عليه بيقفل
بابو بدون اهتمام
مابقاش عاشق لدُنيا
مليانه بالهوام
كُلو بياكُل في كُلو
غِل بكُل انتقام
فخلاص اهو لم نفسو
واداري والسلام
مستنى يوم رحيلو
والراحه من الأنام
ويسيبهالهُم زريبه
ويقضوها انتقام
بعد ماكانت كجنه
قبل هجوم العوام
نسل ولاد البذيئه
ووضيع مالقوش مقام

في زمان مايليقش أبداً
إلا بشلة لئام
خالي من الساده جداً
محصور على كم غُلام
واعوانهُم م اللمامه
ودواب ملاعين هوام

خليك عبد العساكر

خليك عبد العساكر
كمل ملعون لعين
واهتف للظُلم طبل
واسجُد ليهُم سنين
واتماحن كالعواهر
بيع شرفك بيع ودين
ما انتاش لايقلو أصلاً
ولاينفعلك كدين
أشرف من إنو زيك
يتحسبوا مؤمنين
أو عُشاقوا لمُحمد
أويتقال مُسلمين
إسلام أعظم وأشرف
من طقم معرصيين
بيتاجروا بيه وعلناً
ل اجل مايرضى اللعين
يمنحهُم دُنيا فانيه
وكمان أوي طماعين
في الأخره يخُشوا جنه
عند أُمك يا ابن مين؟
واسألها ياعرص ل أُمك
لو عرفِت يبقى مين؟
يالقيط عبد العساكر
ملعون وف كُل دين

في الأخره مافيش

في الأخره مافيش عسكري فاسد
ومافيش بشوات
ومافيش كده مجلس لعساكر
عُمداء لواءات
كلمتهُم هيا اللي بتمشي
على كُل فئات
الشعب الطالع دين أمو
طول الأوقات
والقاضي هناك عادل جداً
ولافيه اتصالات
تؤمروا فيغير أحكامو
يرضي الأغوات
ولامُفتي يغير دين أمو
علشان دولارات
ولاشيخ يتماحن ويفلقس
يرضي البهوات
ولالحم رخيص بيه تتعايش
ست الستات
تاكُل بشرفها وتتعاهر
ونقول نجمات
وكمان في الأخره مافيش حاكم
تحرسوا قوات
واخلص أعوانو عليه شاهد
وكتير بهوات
في الدُنيا الفانيه كانوا كلابو
نفخولوا الذات
عبدوه كإله ومافيش غيرو
ولا جايلو ممات
لما يشدوه كده في سلاسل
في النار ويبات

والكلمه هناك بس لربك
والكُل سُكات

سيبك م الهم سيبك

سيبك م الهم سيبك
سيبك خليه يسيبك
واضحك للدُنيا تضحك
إضحك لاغي ف نصيبك
خلك سكنك حبيبك
خليه يديك نصيبك
يهمس أبداً ما اسيبك
لوحتى الروح تسيبك
ح افضل على طول نصيبك
ولا ينقص يوم نصيبك
في القلب اللى انتا نبضو
قلب حبيبك نصيبك
حتلاقي الهمسه منو
واضحه وبتقول حسيبك
وحسيبك يعني ملكك
مُش يعنى ح اروح واسيبك

فيه ناس دايماً وأبداً

فيه ناس دايما وابداً
ما استغنى الفقر عنهُم
عايش على طول معاهم
في سهر هُم وف منامهُم
وكأنو فرد أُسره
محشور دايماً مابينهُم
مُغرم جدا وعاشق
كدا دايما يمتحنهُم
وان جالهم قرش يزعل
يضايق ويماحنهُم
ويزن يزن جامد
ولحد مايأخدوا منهُم
يرموه وف أي حاجه
لاتفيدهُم أو تعينهُم
ويعود يرفع رياتو
ع الكُل ويمتحنهُم
فرحان رجعولوا تاني
واهو متربع مابينهُم
وانا عم الناس دي تماً
ريسهُم وال كبيرهُم
يعشقني الفقر خالص
وكأني بقيت زعيمهُم
ما يفارقنيش لثانيه
أو فيمتو ثانيه منهُم
وبقيت قلقان عشانو
ساعتين مُش قادر انامهُم
لو اموت ازاي حيقدر
من بعدى يلاقي منهُم
ناس يعشقهُم بشده
وليلاتي نهار حاضنهُم

أركن على جنب

إركن على جنب يا اسطى
نزلني خلاص كفايه
نزلني ف أي حته
مش مُغرم بالنهايه
وحكاية إني اكمل
مابقاش تفرق معايا
ف انا مُش رايح لحته
كده بالنسبالي غايه
ولايعنى حد واقف
مستني وف النهايه
بالحُضن ياخُدني يعني
أو فارقه معاه الحكايه
وحيقلق لو ماروحتش
فاحسن كده م البدايه
نزلني ف أي حته
نزلني خلاص كفايه
مُش فارقه ياعم الأسطى
والله كتير معايا
وادي أُجره ياعم كامله
صدعتك ياه معايا

خلصت مش قادر احلم

خِلصِت مُش قادر احلم
ولا واثق في اللي جاي
الليل زادت همومو
والصُبح ماسكلي ناي
عمال يندب ويندب
ويزودلي ف بُكاي
والباقي لسا فيا
يادوب صامد معاي
شِبه ملامحي القديمه
والباقي من رجاي
إن الحدوته تخلص
واختم في السير خُطاي
ما اعرفش ازاى وإمتى
لكني شايفو جاي
ومعادو كمان قُريب
ودا حلمى ودا مُناي

ساكن عالم موازي

ساكن عالم موازي
عمال في نفسي ارازي
وانصح واخطُب واعاتب
واكتب وابعت تعازي
وب ادندن مره سيكا
وساعات تقلب حجازي
وساعات الشوق ياخُدني
أفرح ألقى التعازي
كما سيل في الصفحه عندي
واليوم يقلب لنازي
كاره للدُنيا جداً
ف اسحبني والم نفسي
أدخل عالم موازي

واضح

خليك واضح وجداً
مليان كده بالوضوح
بس ابقى اعمل حسابك
بدروم أو ع السطوح
وكمان تعمل حسابك
وتخف من الطموح
إنك في بلدنا تلقى
كده قُطنه للجروح
أو حد عليك يطبطب
ويسيبك يااااه تروح
في الصدق ل أخرو يعني
وتكمل في الوضوح
من غير دفعك ضريبه
عن عِشقك للوضوح
فتعيش كُحيتي جداً
بدروم أو ع السطوح
نكِره ومنبوذ مُهمش
لاطم خدك تنوح

إفهم

التُهمه الجاهزه دايماً
دول اخوان مُسلمين
إرهابي بتاع مشاكل
وكلام كده م التخين
نضحك بيه ع البهايم
أو جهله مُغيبين
لكن كده هات حرامي
او فاسد أو لعين
فتش فتش وراهم
واملاه مُفتشين
عُمرك ما حتلقى واحد
كان غخوان مُسلمين
ولاليهُم في الدعاره
والإعلام الهجين
ولاتاجروا يوم في بانجو
ولاباتوا محششين
أو مره احتكروا قوتك
فاوضوك على لُقمتين
او ضحكوا عليك في دينك
باعولك شبه دين
زي بتوع النفاسه والحيض
ومقصرين
التوب وسواك ومُصحف
والدقن مطولين
لكن ساعة الحقيقه
ناعمين أوي مُخبرين
راكعين ولأي حاكم
والثوره فساد لعين
صحصح شوف الحقيقه
وافهم خليك فطين

واقرا حتعرف تاريخك
سيبك م المُخبرين
وافهم دقق وحقق
تفهم وتزيد يقين
تلقاهُم زيي زيك
إخوانا ومُسلمين
وهمومهُم هيا همك
وعشانك محبوسين
اتحبسوا بتُهمه واحده
علشان مُتدينين
شايفين انك كمُسلم
حقك حاكم أمين

وطن الحراميه

وطني حبيبي الوطن الأكبر
كُل ماتسرق يديك أكتر
ويحبك ويدوب في غرامك
يفتحلك قلبو ما يستخسر
وتلاقي خزاين مفتوحه
وماحدش بيقولك مُنكر
تسررق وتكوش وبراحتك
على قلبو دمك كده سُكر
لكن تهتف وتقول حقي
حفله ويعملوا فيك المُنكر
فيه السارق وطني وجداً
والمسروق ذات نفسو بيهتف
للسارق كده يسرق أكتر
وطن السارق فيه السيِد
والمسروق ب ***والعسكر

بصباح صابح يصبح

بصباح صَابح يِصبح
صَبح صُبح الصبوح
الصابح ليك بيحلم
يجعل صُبحك صبوح
صُبحك خلك حبيبك
والبلسم للجروح
أبو أجملها ابتسامه
والساكن فيك كروح
واحلم بالقصه تكمل
عافر خليك طَموح
يصبح صُبحك ياصابح
ريان بالشوق يبوح
وشاورلو مع ابتسامه
واهمسلو كمان وبوح
وانسى بواخه سنينك
إنسى الأمس الكلوح
واحلم بصباح وصابح
بالبسمه م الصبوح
واغزل صُبَحك بصُبحو
صبح خليك صبوح
حتلاقي الصُبح صابح
بصباح صابح صبوح

ايه جرالك يابلدنا

أيه جرالك يابلدنا؟
جبتي دول ازاي؟ منين؟
إمتى يعني حبلتي فيهُم؟
والميلاد كان يعني فين؟
دا انتي طول عُمرك شريفه
طاهره مُش م العكاكين
ع العلن بيكون جوازك
والحَبل بيكون مُبين
يبقى ظاهر حمل واضح
كُلنا بيه فرحانين
في انتظار خَلفِك يشرف
نبقى بيه كده مسنودين
كان ولد أوبنت نُشكُر
ربنا وندبح سمين
أما دول طرح الندامه
والوّسخ خّلف اللعين
طبلجيه وأمنجيه وبلطجيه
جُم منين؟
بياعين شرفك بوجبه
لأي حد معرصين
اللي تحت العمه رمه
واللي طارش كلمتين
واللي علني ساب مراتو
ساب بناتو الممحونين
ع القنوات اللعينه
يبُخوا فينا العِهر دين
كُل شيء منهُم وفيهُم
بان في لحم رخيص لعين
وسبتي نفسك للعساكر
كُل من ملعون لعين

صارلو فيكي الكلمه ثُم
ثُم صار هوا المكين
وساجنه كُل اللي ف غرامك
ولعشانك شالوا طين
قالوا كلمة حق فيكي
وليكي بيكي مكملين

ياسلام ع القرش لما

ياسلام ع القرش لما
بيرُد الصاع صاعين
يديك كده فوق دماغك
ويرُد الطاق طاقين
إزاي فرطت فيا
ياتافه يالعين
وماخلتنيش في خزنه
أاقدر اريح سنين
عمال تبعتني أجيبلك
أيش حلو وأيش سمين
واتمشور جاي رايح
واتنقل بين إيدين
من تافه ل اللي أتفه
وشوية بياعين
جرابيع كده زي أهلك
وزباله وعرقانين
عدموني العافيه يعني
من صحرا لغيط لطين
وكأني يعنى كافر
أو خارج أي دين
وأخيراً ياه فارقتك
ولا ح ارجع يالعين
وح اشوفلي بخيل يصونني
في الخزنه وانام أمين
بعد مافرطت فيا
خليك فلسان حزين
وادفا خلاص بكرمك
وشهامتك يالعين
وافضل على طول مفلس
وافرح بالكلمتين

إنك شبرقت نفسك
أوعشت ياواد يومين
وانا تحت الجزمه وانتا
الفييس المتين
واهو جالي اليوم بقيتلك
كما روح للميتين
وخلاص خلصت ح اذلك
وح ارُد الصاع صاعين
حتشوف أيام زباله
وتقابل شمتانين
وانا جوا الخزنه باشا
وح انتخ بالسنين
عند العارف مقامي
وصايني من الإيدين

لو بتفيد الثقافه

لو بتفيد الثقافه
لو بيفيد العلام
في بلاد موسومه علني
بشعار عاش اللئام
ومعرصها اللي سِيد
وبيدولوا التمام
واهو حالي زي حالك
صاحيين نايمين سخام
لو بجنيه القصيده
كُنت أبقى في التمام
وأجدد باقه عادي
واتغدى ب انتظام
ودوايا أجيبو شهري
ما استناش كُل عام
ولاتبقى ديوني ذِله
حرماني من المنام
في بلاد فيها الثقافه
والعلم دا شيء حرام
وتدوسك بالبياده
لو طالبت بتمام
عن مين سرق ايه وامتى
والمبلغ يبقى كام
بلدي ال كارهه الثقافه
بلدي ال كارهه العلام
محظيه ليلاتي علني
للعسكر واللئام

صُبحيه تصبح على صُبحي

صُبحيه تصبح على صُبحي
ف يصحي صباح
ب صباحها الصابح
بتصبح على عم صلاح
يندهها لصالحه تقوم تخبز
وتصحي سماح
تغزل ضفايرها وتتجهز
جاي عب الفتاح
رايحين الصاغه لشبكتها
زغردوا ياملاح
للصُبح الصابح بيصبح
على أهل صباح
وافرحوا بالفرحه لفرحتها
واتمنوا صباح
يسعدها ويسعد كده صُبحى
وصلاح وسماح
ونسينا خلاص خالتك صالحه
فسمعنا صياح
منسيه ودايماً كده صالحه
وبدأت في نواح
فجرينا بسُرعه صالحناها
ولحقنا صباح
كان لساحيقلب على أسود
وتغُم صباح
وتعكنن كُل اللي اترتب
لفرحها سماح

الرُعب من اسمو ايه

الواد دا اللي اسمو ايه
جاي بيغمزلي ايه
رديت وهمست ايه
فسألني ح نعمل ايه
في الراجل دا اسمو ايه
راح ننزل ولا ايه
فصرخت بصرخه جامده
رديت وهويت عليه
وبأوسخ جزمه عندي
إخرس يا ابن السفيه
ازاي تقدر تفكر
ننزل كده ل اسمو ايه
فهمسلي بصوت موحوح
ما أقصثدش انا إسمو ايه
أقصُد ننزل نعزي
في الراجل دا اسمو أيه
رجعتلي روحي تاني
م الرُعب من اسمو ايه
لايكونو مسجلينلي
واروح اللي اسمو
والتُهمه واضحه جداً
ب اغلط في اللى اسمو ايه

طيب طيبك ياطيب

طَيب طيـيبك ياطِيب
طيب طيبك بطيب
خليه كالعاده طيب
واطيب من أي طيب
طيب طيبك ياطيب
خليه أطيب يطيب
بعد الطيب اللي طايب
وتطُب عليه بطيب
علشان انا بيه ح اطيب
أطيب طيب يطيب
ويطيب طيب الطيابه
واطيب طيب بطيب
ولايبقى إلا طيبك
بعديه مافيش طبيب
طيب طيبك ياطيب
طيب طيبك يطيب
ويطيب أي طيب
يحتار فيه الطيب
فيقولك لروح لطِيب
ويطُب عليه بطيب
حيطيب والطيب يطيب
بس اتطيب بطيب
حتطيب والطيب يطيب
اللي اتطيب بطيب

بسألك

وبكُل إسم انا عارفوليك
أنا بسألك
أو عِرفو غيري من الخلايق في الفلك
أنا بسألك
أو يعني جودت أذنت بيه
على عبد عالِم أو مَلك
أنا بسألك
وبكُل آيه قريتهاليك
وبكيت كتير من شوقي ليك
أنا بسألك
وبكُل ركعه ركعتهالك
في الليالي وفي الحَلك
أنابسألك
وبكُل سجده سجدتهالك
بسألك
وبكُل همسه همستهالك
بسألك
وبكُل حد عشقتو فيك
أنا بسألك
وبكُل باغي كرهتو ليك
أنا بسألك
ياعالي فرد ما لك شريك
أنا بسألك
تلحقني مني خلاص يارب
انا ب اتهلك
تمحي الذنوب وعلي تتوب
ياغفور رحيم ما أمهلك
وتزيديني م الستر الجميل
والصبر بيك ما أجملك
أنا بسألك أنا بسألك

أنا بسألك

الأزهر مُش وظيفه

الأزهر مُش وظيفه
ولاشُغله وأكل عيش
ولابيبرر لظالم
ولابيعرص لجيش
أعملها ياشيخ وقولها
خُش التاريخ وعيش
ان شا الله ما تلقى تاكُل
أو تتدثر بخيش
إعلنها ان انتا غاضب
إعلنها وماترائيش
وانتا الأعلم وأعرف
دُنيانا دي لمافيش
ف ازأر قول للغوازي
وعيال كده ماتساويش
قوم رُد على العواهر
وهاموش وطلعلو ريش
الدين دا خط أحمر
قولها وبكُل عزمك
ماتخافشي وماتداريش
إن شا الله تسيب وظيفتك
بس ح تفضل تعيش
جوانا رمز دايم
دايم دايماً تعيش
وتروح لله صحابي
جاهد وماخافش جيش
عاش للأزهر كعالم
مش شُغله وأكل عيش

اعبُد ربك في خلقو

حلو تكمل فروضك
وتزيد الحسبله
وتأدي كتير نوافل
وتدندن حوقله
لكن أعظم وأعظم
كون أخ لأرمله
طبطب على ناس غلابه
واكفيهُم مسأله
كون أب يتيم وساندو
وارعاه كما سُنبله
واضحك للناس تبسم
وف عز المُعضله
إسنِد فيهُم بقلبك
زود في الهروله
أجري وعلى قد عزمك
وريهُم مرجله
وانك دايماً معاهُم
وانك دايم الوَله
بفرحهُم ب انكسارهُم
هماك المسأله
مش مدروش وعايش
وحدك في التنبله
والدين عندك يادوبك
في فروض والحسبله
اعبُد ربك في خلقو
تتحل المسأله
تعرف مغزى العباده
وازاي السُنبله
بالدعم بتبقى غابه
وارفه ومضلله

والكُل ح يبقى شاكر
لله بيك ياوله

يعيش الزفت

لما تقوم الصُبح وتشرب
عُقب سجارتك ثُم الزفت
حسب الزفت الفاضل عندك
شاي أو قهوه وبعدو فتحت
نت بُسرعة مشية جدك
واتزرزرت كده اتنرفزت
ثُم بدأت تحسبل جامد
وبتتعوذ واهو حوقلت
ثُم دعيت وبكُل جوارحك
ثُم بكيت في بُكاك كده شِبت
حالم موقع بس يقولك
شُغلك جاهز وانتا قُبلت
بس ياقهري عليك كالعاده
صدمه جديده ويومك زفت
ثُم مافيش غير تبعت تاني
تسأل كُل مواقع النت
ثُم تشوفلك عُقب سجاره
مع تلقيمه وتعمل زفت
هوا ياعم دا وضعي الحالي
فايض بيا خلاص وورمت
والقنوات الوسخه بتطُرش
يومك أبيض شق اللفت
كُلها ساعه ومصر حتبقى
كما أمريكا فقُمت شربت
أخر كده تلقيمه ف بيتنا
وعُقب سجاره ثُم هتفت
عاشت مصر قويه غنيه
واهو بالمره يعيش الزفت

بنقولها لكُل مُجرم

بنقولها لكُل مُجرم
وخسيس كلب ابن كلب
بيهز الديل لعسكر
مالينها بلادنا كرب
باعوا الدين بالوظايف
ولافاكرين حتى رب
واستفتي ياعرص قلبك
لو عندك لسا قلب
واتكلم في اللي حاصل
من ذُل هوان وغُلب
وبلاد الكُل اللي فيها
صارخ وعايشها غُلب
وان ما اتكلمتش اسكُت
وبلاش تعريص ياكلب
واتذكر حاجه واحده
بُكرا ح ترجع لرب
ولا حيفيدك عساكر
ولاتعريصك لكلب

في رحيلك وارتحالك

في رحيلك وارتحالك
وشروقك والغروب
وحنين مالي الملامح
دايماً كده للهروب
لبلاد وللناس جديده
وكلام لساه يادوب
مخلوق من ثانيه يعنى
بحروف مافيهاش ندوب
مافيهاش طبع الملاوعه
قاسيه وتكسر قلوب
ولابتعايرك بفقرك
وتفتش في الجيوب
وهاممها بس روحك
والساكن في القلوب
من ود ومن محبه
وحنين جواه يدوب
قلبك كما ألف زهره
مليانه بالطيوب
روايحها ف كُل حته
أبداً مالهاش نُضوب
يعني ماتخلصش أبداً
في شروقك والغروب
تفضل للكُل فايحه
لشمالها وللجنوب
مغرب مشرق ترشرش
ولايوم تقدر تتوب
عن عشق لكُل حاجه
بتفرح للقلوب

مصر أُم الدُنيا

مصر أُم الُدنيا إيوا

بس ل اللي ماشافش بره
وبره مُش بس ف أوربا
برا يعني ف كُل قاره
في البلاد عاشقه لولادها
واللي مالياهُم مسره
واللي شايفاهُم إملها
مُش ف داهيه ويلا بره
بره يعنى تعيش مواطن
والحقوق من غير مذله
والعساكر للحراسه
مش ملوك عايشينها فُله
وبرضو بره لما تتعب
تلقى مُستشفى وضِله
واللي يِسرق أه بُيُسجن
والمُحاكمه علني ظاهره
واللي حاكم مش مؤبد
ع الكراسي وابن طاهره
كُلنا نسبح بحمدو
واعتراضنا يكون مُغامره
مصر أُم الدُنيا أيوا

بس ل اللي ماعاشي برا

الغرب يهمو نفسو

الغرب يهمو نفسو
ومصالحو مع الطُغاه
الغرب مالو هشي لازمه
ولايوم تفرق معاه
ولا حيطبطب علينا
لو مره صرخنا ااه
ولا ح يعزينا فينا
ولا ح يعاقب الطُغاه
الغرب يهمو نفسو
واللي مو السين معاه
واللي فلوسهُم في بنكو
بالمليارات ويااه
على جهلك ياللي حالم
بالغرب ومين معاه
مره يطبطب علينا
ويشاركنا الحياه
يسمح لعيالنا تكبر
برا سجون الطُغاه
يمنحنا العلم نبني
ونعالج أي اه
ويقول للظالم ارحل
أو يضرب يوم قفاه
الغرب يهمو نفسو
ومصالحو مع الطُغاه
فبلاش تحزق وتحزق
تحلم بالغرب يااه
وتكمِل فيه تأمِل
وجعك يفرق معاه
الغرب يهمُو نفسو
ومصالحو مع الطُغاه

مابقاش غير لُطف ربك

مابقاش غير لُطف ربك
ف ادعي وزيد الدُعا
أدعي وكُللك قناعه
إنو يجيب الدُعا
وادعي من القلب جامد
وبلاش الصربعه
رتل جَود تمهل
عَطر صيغة الدُعا
ببدايتك بالحامد لله
سامع الدُعا
وتصلي بشوق تسلم
تتوسل في الدُعا
ب احمد سيد الخلايق
ع الخونه الأربعه
داخليه وجيش وقاضي
وإعلام المرقعه
ربك يكرمنا فيهُم
ويهِد الصومعه
ولايبقى نسل منهُم
من نسل الأربعه
أعدائنا ف دين ودُنيا
ف مذاهبنا الأربعه

وماليش في الدُنيا غيري

وماليش في الدُنيا غيري
مابقاش باقيلي حد
هوا وبس اللي صاحبي
واللي مكمل بجد
لسا مابعانيش وخانني
لساه ماطلعش وغد
والباقي بس ليا
من بعد ما كُنت اعد
واحسب كده في الحبايب
ولابيكفيني عد
وشويه شويه خلصوا
مابقاش باقيلي حد
كان كُل ماتيجي أزمه
أفضل في صحابي اعد
ولحد ماخلصوا خالص
مابقاش فيه لازمه اعِد
ف بقيت مع نفسي وحدي
وماليش في الدُنيا حد
واللي يصدق يصدق
واللي مكدب يعد
في حبايبو بعد أزمه
وعليا ياريت يُرُد

ماتصدقش الأغاني

ماتصدقش الأغاني
ولا مُحن المُطربين
والحبكه في الحكايه
عن وِد العاشقين
وان الحواديت ح تكمل
بوصول المُغرمين
للشط التاني طبعاً
يتقابلوا بالحنين
والشوق مالي الملامح
والعين تهمس لعين
مُشتاقلك ياواحشني
مُشتاقلك من سنين
قرب وتعالى يلا
غالبني ليك حنين
مالى القلب بغرامك
وهيام جواه دفين
فوووق صحصح معانا
دا كلام المُطربين
وكلامها للسجاره
ويا الكاس المتين
أما الواقع ف فعلاً
واقع مُبضن بضين
الناس مابقيتش فاضيه
للعشق وللحنين
الناس مهمومه حصراً
برغيف يجيبوه منين؟

الزعيم أصبح إله

الزعيم مابقاش بيسمع
حتى أعوانو اللي ياه
طبللولوو وهللولوو
رقصوا وف كُل اتجاه
علقوا الزينات وغنوا
حالمنين تحلى الحياه
عشقوا حتى الكُفر منو
والفشل في صباح مساه
دافعوا عن أوهام حتصبح
مصر جنه تكون معاه
واما خربت واما فاقوا
ع الخراب ماليها ياه
ابتدوا كتابة الرسايل
والنحيب وطوا الجباه
والتذلّل وانكسارهُم
والتبتّل ثُم ااااااااه
يصرخوها من وجعهُم
يازعيم صعبه الحياه
والزعيم مابقاش بيسمع
أويقت تفرق معاه
الزعيم بقى كالمشيئه
كُل ماتُطلَب معاه
يعمل اللي شايفو هوا
واللي وَهمو لُه هداه
الزعيم راح حتى تانيه
الزعيم أصبح إله

احنا ولاد الحواري

إحنا ولاد الحواري
وكفورك والنجوع
ومداين ذُل طافحه
وشوارع صارخه جوع
وبنستحمل نكابد
ومانرضالكيش دموع
أبداً ما مره خُنا
ورضينالك خُضوع
ووافقنا تبيعي شرفك
أو حللنا الركوع
وتعيشي بكُل ذِله
وتوافقي على الخنوع
مهما يقابلك مشاكل
مهما يطول الوقوع
فبلاش فيكي العساكر
تجبرنا على الطلوع
من خلاقاتنا الباقيه
نُخرج من غير خشوع
تقلب من ثوره يعني
لحروب وسببها جوع
ماتخلي حد عايش
في العاصمه وفي النجوع
وحيبقى الكُل خاسر
فجرك مالهوش طلوع

الست دي منها

الست دي منها
مصر الحقيقه
ست وبمية راجل
خُصيان تمليه
بتشوفها في الشارع
والسوق تقول هيا
من غير زواق صارخ
ولاسحنه مطليه
أطنان من الميكب أب
على وش جنيه
ماشيه بتتمرقع
وتهز في الليه
عايشه كما عالمه
للحظ محظيه
أما ادي ف الغاليه
بنت البلد ديه
سانده لرجالها
وأُم الرجال هيا
ولايوم تقول يانا
ف الهم مرميه
بتقاسي وتعافر
وبتحسِن النيه
في الرب يكرمها
ل اجل العيال ديه
تقدر تربيهُم
ولاغير كده غيه
للست دي لازم
يتقال يامصريه
عشتي ودام فضلك
عشتي يامصريه

ماتيجي ياحلو نُرقُص

ماتيجي ياحلو نُرقُص
ونطبل للنظام
ونقول العيشه قُله
والدُنيا في التمام
وال(ماسر) كأحلى جنه
واتفرج ياسلام
واللحمه رخيصه خالص
بس العيب في البرام
والناس طربانه خالص
وبتدعي للإمام
في الفرض وكُل سُنه
والنافله والقيام
يفضل على طول فاشخهُم
ودواه حبة كلام
يحلم يُفشُر براحتو
يدهنها كتير سخام
وف داهيه الناس تاخُدهُم
بس يعيش الهُمام
ويطلع دين أبوهُم
حتى ليوم القيام

ماتصاحبشي البخيل

مهما الأيام تحالفك
والعُمر يكون طويل
لو حتقضيها وحدك
ماتصاحبشي البخيل
ومعاه في اللسته برضو
حُط الرمه العويل
اتنين مالهو مشي لازمه
وعدمهُم دا البديل
ف الأول عبد قرشو
والتاني بغيض رزيل
لو تحتاجهُم حتعرف
معنى الحُزن الطويل
لا ف أزمه يكونوا سندك
ولا بتلاقي القليل
من ود ومن محبه
أصل بطبعو البخيل
حتى ف أُنس ومشاعر
مكتوبلو يكون ذليل
مابيعرفش المحبه
ولابيرُد الجميل
والتاني برضو زيه
يعني مُجرد عويل
صدقوا الناس اللي كانوا
كده جيل من بعد جيل
يقولوك عيشها وحدك
وبلاش صُحبة بخيل
ومعاه الرمه زيو
ابن الصُرمه العويل

في الليل الكون بتاعي

في الليل الكون بتاعي
وانا فيه مِلِك الشوارع
شِلِه وشعر وأغاني
وقمر ع الدُنيا طالع
وهديل لحمام بيهمس
بحنين جارف ودامع
وأنا قلبي بيستخبى
في ضلوعى ودق سامع
أعلى من الريح وأعلى
من دانات المدافع
لكن باهمسلي كمل
وانده على أي سامع
إتلموا الليل بتاعنا
ولكُل الصُحبه جامع
مُش وقت سكون وغفوه
ولانوم يا اهل المضاجع
الليل لوراح في نومه
يبقى ياخيبتك ياسامع
ضيعت البهجه ب ايدك
ابكي وزيد المدامع
وانوي الليل اللي بعدو
صُحبة ملك الشوارع
في الليل الكون بتاعي
وانا فيه ملك الشوارع

ليله زي الفُل قشطه

ليله زي الفُل قشطه
رطبت قلبي العليل
الصُراخ في كُل حته
والوجع مالي إسرائيل
اتقتل كم بغل منهُم
زيد يارب جمالو ليل
بانهيارهُم وانبطاحهُم
والجميع مكسور ذليل
والشهيد صاعد لربو
مبتِسم وجهو الجميل
والزغاريد الكتيره
غزه عكا وفي الخليل
والفرح في كُل حته
من بيوتك يا أصيل
ياوطن مابعاش لسا
والجهاد مالهوش بديل
من خليجها ولمُحيطها
كُلو بيدندن ياليل
على الكيان طول سوادك
كُلهم حيبات ذليل
ياجمالها الليله فُله
قشطه والله وجميل
انكسار كُل الصهاينه
والصُراخ وكتير عويل
زيد يارب كتير وبارك
فرح القلب العليل
بالكيان بيعِد فيهُم
كُلهُم مرمي وقتيل
واحنا للجنه شهيدنا
باينه في وشو النبيل

طارق التريري

السعاده ومسك فايح

م الفرح طربان يميل

احنا مابنقتلش حد

إحنا مابنقتلش حد
إحنا بنحرر بلادنا
إرضنا وتُربة جدودنا
حِلمنا وحقوق ولادنا
والصهاينه جايه تقتل
مُش ضيوف خاطبين ودادنا
معزومين على حفله يعني
والفؤاد مليان مُهادنه
واللي جابوا من شتاتو
حلمو إنو ف يوم يبيدنا
يحرق الأرض بما فيها
يغتصِب ويهِد مدنه
مثش حبيب بيمِد إيدو
بالزتون وهواه مُرادنا
وغد جابوا الكُره لينا
واحنا جايلانو ف معادنا
إحنا مُش عصابات جرايم
احنا بنحرر بلادنا
واللي مُغرم بالصهاينه
يشوفلُهُم غيرها لبلادنا

موغِل في الحُزن وحدك

مُوغِل في الحُزن وحدك
وكأنك ألف عام
من عِشق ومن مداين
ولِت صبحِت رُكام
ورسايل عِشق تاهت
ضلِت كده في الزحام
وحروف يبسِت في حلقك
ما اتنضمتش ف كلام
كان نفسك يوم تقولو
جهراً كُلك غرام
وورود دبلت في إيدك
وقلوب وكتير سهام
على ضِل جدارها روحك
باشِت سِكِت الحمام
مابقاش عاشق هديلو
ويدندن في انسجام
وسماك محجوبه دايماً
بكتير قوي م الغمام
وبقيت في الحُزن مُوغِل
صامت كما ألف عام
وشايلها فوق كتافك
وحدك من غير كلام
مع حد ف أي حاجه
وعايشها والسلام

الشعوب لساها رافضه

الشعوب لساها رافضه
حتى لوصالح الجميع
م اللي غاويين المهانه
واللي عايشينها قطيع
لسا أرض بلادي صامده
ولسا فيه مليار ربيع
والحجاره والمغاره
والكهوف مُش ناويه بيع
والرمال ساكنه البوادي
والتُراب في دروب بلادي
لسا صامد للأعادي
صلب يتحدى الجميع
لسا فينا العِزه لسا
ولسا إيماننا المنيع
إننا اصحاب القضيه
مش ديول الجرابيع
مرعوبين خوف م الصهاينه
كُلُهم ناعم وديع
مُش بتاع حرب ومُقاومه
همو بس يكون قطيع
واحنا وترابنا وبلدنا
لأ. لأ. لأي بيع
مُش ح ننسى نبيع نصالح
حتى لوباع الجميع
م الزعامات الرخيصه
والمعفن والوضيع
لسا يافلسطين قضيه
حتى للطفل الرضيع

كُل يوم في بلادي حفله

كُل يوم في بلادي حفله
وللسما طالع شهيد
مبتسم هايم يرتل
بآلايات ثُم النشيد
عن وطن حالف مايخضع
مهما كان حجم الوعيد
يحلموا ان احنا انكسرنا
واحنا بنزف المزايد
من قامات حلِفِت ماتركع
إلا لله المجيد
حلمها وبس الشهاده
عزمها يِفِل الحديد
ناس همومها تعيش لدُنيا
وناس طموحها تكون شهيد
مولودين علشان قضيه
مُش عشان دُنيا ومزيد
م الركوع كده للصهاينه
وعيشه أوسخ م العبيد
وفي النهايه يموتوا جيفه
جُثه مليانه بصديد
من عبوديه ومذله
ثُم في القبر المزيد
من عذاب الرب ليهُم
ثُم في الأخره الحديد
والخلود في نار جهنم
والعذاب أبدي وشديد
لكن احنا اخترنا أخره
مهما كان حجم الوعيد
كُل يوم في بلادي حفله
وللسما طالع شهيد

فلسطيني فلسطيني فلسطيني

فلسطيني فلسطيني فلسطيني
ولوكُل الرمم باعت
هواي لسا فلسطيني
ولو كُل المسوخ خانت
وغسِلِت إيدها من ديني
أنا لسا فلسطيني
وعادي الحلم يتأخر
ولافارقه ولايجيني
ما اثُكش حتى لو لحظه
ح اعود تاني لفلسطيني
دي سُنة أحمد الهادي
ووعد الله مطمني بيحميني
أزيغ لو لحظه عن وعده
أهون واليأس يطويني
أثُك ف لحظه في كتابي
في قُرآني عماد ديني
آيات واضحه من الإسراء بتحميني
تطمني وتحييني
لحد ماحلمي يتحقق
واحرر ها فلسطيني

قادر يفرجها ربك

قادر يفرجها ربك
ونشوف اللحمه تاني
وننول لوحتى شتمه
عجالي ولاضاني
وسمين أوكان مِلِبس
نرجع ونعض تاني
بعد الفول المؤبد
ندخُل بقى ع الأماني
الدُنيا تروق وتسمح
كدا يعني بفخده ضاني
واشوي واسبك واشوح
وكأني الشيف فُلاني
ودا غير الشوربه طبعاً
ف يغني الأصفهاني
لوضاق الفول ماكانشي
عاش ولاكتب الأغاني
الفول دا عقاب ياطيب
ل اللي عديم الأماني
وعايشها عبد دايم
لحكومه عاشقه ضاني

وباروح للنوم هروب

وباروح للنوم هروب
مُش عاشقو ولايعنى
في هواه مُغرم ب ادوب
ولامكسِل وغاوي
همي وتعب القلوب
مابقاش في غيرو أصلاً
يقدر يخفي العيوب
فلسي وحُزني اللي دايم
وملامح كالغروب
مُش لاقيه ف بُكرا حاجه
ولاواثقه في الغيوب
لكن مجبوره تحيا
تستنى ف يوم تتوب
الدُنيا ع المعانده
وتبُص على الجيوب
وتعينا ع المعاييش
وتقُك كتير كروب
تمنحنى مره أحلم
مايكونش النوم هروب

ياقُرة عين نبينا

يا قُرة عين نبينا
يارحمه من الإله
أول حاجه ف حِسابك
لما تقابلو الصلاه
كِملِت يتقال ياسعدك
نقصِت ياخوفي ياه
واقف تُصرُخ تولول
تسأل فين الناجاه؟
ولالينا عُذر أبداً
يمنعنا من الصلاه
أياً ماكُنت صلى
لوبالغ مُنتهاه
تعبك أو بعد ثانيه
ح تفارق للحياه
وف حرب ف سلم صلي
دي أوامر و ل إله
أياً كانت متاعبك
لازم لازم صلاه
وسليم عيان تصلي
وتقيمها للصلاه
لوحتى برمش عينك
برضو تصلى لإله
عايزك على طول تواصل
وتكون دايماً معاه
ماهي قُرة عين نبينا
والرحمه من الإله

القروض دخلت جيوبهُم

القروض دخلت جيوبهُم
ثُم في حسابات سويسرا
والديون ندفعها إحنا
مهما كانت ضنك عُسرى
موهوميين بالفجر يطلع
وان بُكره حتبقى يُسرا
والحقيقه خلاص يامشمش
كُلنا ف عسكر لبسنا
احنا نزرع هوا يقلع
ثُم تتحول فلوسنا
للحسابات اللي برا
واحنا بندخل لبوسنا
ثُم تتخدر مصالح
ثُم نصحى بصرخه غيثنا
وهوا ضاحك سنو باسم
بالرصيد اللي ف سويسرا
واحنا يادوبك بندهن
في الكريم يدخُل لبوسنا

نازل والكُل نازل

نازل والكُل نازل
مابقاش غير النزول
وخلاص الكُل عارف
مابقاش فاضل حلول
غير إن الكُل ينزل
ويكون فرض النزول
قبل ماتتباعي خالص
واسمك م الكون يزول
ف البس واتوضى يلا
وتصلى على الرسول
وتقول لله يابلدي
ليكي وفيكي النزول
نرجع أو مُش حنرجع
دا كلام مش م الأصول
ونزولنا حتمي جداً
لازم لاز نزول
قبل اما خلاص يبيعها
مصر من الكون تزول

مصر بتتباع لخيمه

أو هام البلحه خلصِت
عداه القطر فات
مصر بتتباع (لخيمه)
مواليد السبعينات
أعظم أحلام بانيها
لومره ف شُبرا بات
ويشوف الست ثومه
أو يسمع صوت نجاة
واهو بلحه خلاص بايعها
ولاباين في اللي أت
غير أن الهم طافح
لوكمل يوم وبات
للعُربان البهيه تباع
تتباع ماسكه الصاجات
ويغني البدو فيها
على جُثه مجد مات

الشيخ أحمد ياسين

البطل يُنسب لبلدو

وانتا تُنسبلك بلاد
إنتا ياعم البطوله
انتا يامعنى الجهاد
عمنا وعم اللي جاهدوا
من هنا ليوم المعاد
هامه عاليه وهمه أعلى
منحه من رب العباد
كمِلك بالعز زانك
والشرف ربك وزاد
شيخ شيوخها للمقاومه
ربنا علاك وجاد
خلى سيرتك لما تُذكر
مسك ياريحة المِداد
إسم من أسماء نبينا
أحمد إسماعيل وزاد
بال ياسين وده إسم جدك
حتى في الأسماء جهاد
نلتها خلود الشهاده
وياما ماتوا من القُعاد
والبطل يُنسب لبلدو

و انتا تُنسبلك البلاد
أُمه كامله تقول دا مني
شوف بقى خلود الجهاد

المحتويات

صُبحيه تصبح على صُبحي
الرُعب من اسمو ايه
طيب طيبك ياطيب
بسألك
الأزهر مُش وظيفه
اعبُد ربك في خلقو
يعيش الزفت
بنقولها لكُل مُجرم
في رحيلك وارتحالك
مصر أُم الدُنيا
الغرب يهمو نفسو
مابقاش غير لُطف ربك
وماليش في الدُنيا غيري
ماتصدقش الأغاني
الزعيم أصبح إله
احنا ولاد الحواري
الست دي منها
ماتيجي ياحلو نُرقُص
ماتصاحبشي البخيل
في الليل الكون بتاعي
ليله زي الفُل قشطه
احنا مابنقتلش حد
موغل في الحُزن وحدك
الشعوب لساها رافضه
كُل يوم في بلادي حفله
فلسطيني فلسطيني فلسطيني
قادر يفرجها ربك
وباروح للنوم هروب
ياقُرة عين نبينا
القروض دخلت جيوبهُم
نازل والكُل نازل
مصر بتتباع لخيمه

الشيخ أحمد ياسين
المحتويات

Don't miss out!

Visit the website below and you can sign up to receive emails whenever طارق التريري publishes a new book. There's no charge and no obligation.

https://books2read.com/r/B-A-KEUT-LMJZB

Did you love إنفصامستان Then you should read قادر ربك يفرجها؟ by
طارق التريري!

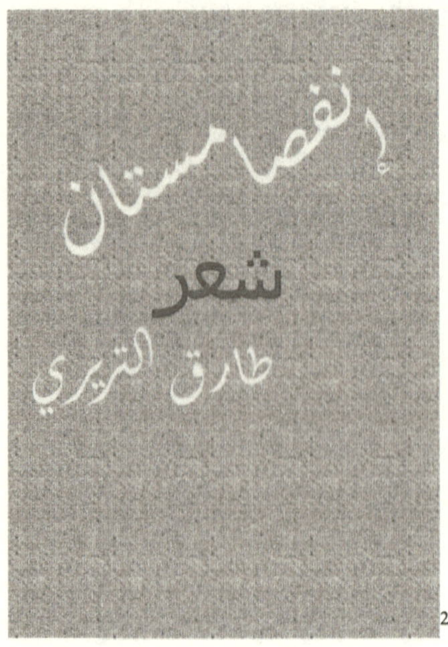

من سلسلة الأعمال الكامله للشاعر طارق التريري والتي تزيد على 20 ديوان
منشوره على منصات النشر الإلكتروني

Read more at tarqablog.blogspot.com.

About the Author

منشوراتي

في بلاد الأي حد

قلبي اللي عشقك

إنفصامستان

وجع القصيده

كُل العساكر كدابين

الصُبح في بلادي

شباكي الفاتح

سُلطان العاشقين

قُليل لما باشتاقلي

دوايرك

دم الحُسين

على باب الله

صباح القُدس

عند باب الحلم

لماكانت مصر دوله